# ANTHROPOPHILIE

OU

## ÉTUDE SUR LA PROSTITUTION MASCULINE

A NOTRE ÉPOQUE

PAR

## Le Docteur COX-ALGIT

PRIX : 50 CENTIMES

NANTES

MOREL, LIBRAIRE-ÉDITEUR

RUE CRÉBILLON, 20

1881

# ANTHROPOPHILIE

OU

## ÉTUDE SUR LA PROSTITUTION MASCULINE

A NOTRE ÉPOQUE

PAR

## Le Docteur COX-ALGIT

NANTES

MOREL, LIBRAIRE-ÉDITEUR

RUE CRÉBILLON, 20

—

1881

# DE L'ANTHROPOPHILIE

## Etude sur la Prostitution Masculine

### I

Nous sommes au temps des scandales. Depuis nombre d'années, chaque session amène à nos tribunaux des attentats à la pudeur, des outrages à la morale publique. Partout la corruption s'affiche. Les rues de nos cités sont constellées de harpies aux yeux fauves, qu'on entend derrière soi glapir le traditionnel : « *Psst' mon petit, veux-tu monter?* » Mais tout cela semble naturel. Personne n'y prend plus garde, sinon quelques loustics *policemen*, à qui l'on a confié la haute surveillance du bataillon sacré inscrit sur les contrôles de la Mairie. Pour couronner l'œuvre, il fallait à notre siècle une honte de plus. La boue ne suffisant pas à nous salir, il fallait jeter du fumier sous nos pas. C'est ce dont nos modernes débauchés se sont chargés.

« *Pas de femmes* ! » telle est leur devise.

La fin de l'Empire vit commencer cette honteuse besogne, à peine interrompue par la guerre de 1870, et reprise aussitôt après avec un acharnement indescriptible. Des sociétés se sont formées dans lesquelles l'homme fournit à son semblable l'assouvissement de sa brutale passion.

Il y a maintenant, nous le disons haut et clair, des maisons de débauche pour la prostitution masculine, comme il y a des maisons de tolérance pour les prostituées. Les unes sont publiques, l'existence des autres n'est révélée qu'à leurs habitués.

A Paris, cet abîme où vont s'engloutir les intelligences, où se coudoient la fortune et la misère, la grandeur et la honte, on peut voir chaque jour certains individus disputer le trottoir à la cocotte. Les voulez-vous connaître ? Ecoutez le portrait que le professeur Tardieu en traçait d'une façon si frappante dans sa magnifique étude sur les attentats à la pudeur :

« *Les cheveux frisés, le teint fardé, le col découvert, la taille serrée de manière à faire saillir les formes, les doigts, la poitrine chargée de bijoux, toute la personne exhalant l'odeur des parfums les plus pénétrants, et dans la main un mouchoir, des fleurs ou quelque travail d'aiguille, telle est la physionomie étrange, repoussante, et à bon droit suspecte, qui trahit le pédéraste.* »

Secte hideuse ! elle compte au nombre de ses affiliés les gens les plus disparates : c'est une agglomération de jeunes éhontés et d'ignobles vieillards, qui occupent dans le monde les emplois les plus humbles et les positions les plus brillantes.

Un prince de la finance, que je ne veux pas nommer ici, jetant sur un jeune tourloureau (calicot, apprenti coiffeur ou garçon de café) des regards passionnés, et lui roucoulant amoureusement des mots tendres et langoureux, n'est-ce pas un spectacle que vous seriez heureux, ami lecteur, de pouvoir vous offrir au moins une fois dans votre vie? Eh bien! c'est celui dont un ami m'a fait jouir. pendant près de deux mois, de la fenêtre de son balcon !!! Aussi, malheur à vous, pauvres abeilles de trottoir, qui butinez à grand peine quelques ronds de cuivre au passant attardé, qui vous a marchandé son déshonneur ! Malheur à vous si le mépris public, qui vous a tant avilies, ne vous vient en aide à l'heure présente. Vous aurez bientôt une concurrence acharnée : les jeunes gandins frisés et musqués, qui vous jettent en passant un regard de pitié dédaigneuse, en viendront à vous disputer votre pâture. Grâce au talent de ces jouisseurs, qui connaissent à merveille les effets de la dilation cubique, votre petit commerce finira par sombrer, et vous serez obligée de revêtir prosaïquement le bonnet de sainte Catherine. Consolez-vous, cependant ; tout n'est pas perdu ! A la longue, ils seront écrasés par le mépris, tués par le ridicule ; c'est en France l'arme la plus terrible. Ne ménageons pas les coups ; cela rendra service aux agents de la police.

## II.

La prostitution de l'homme par l'homme est un vaste réseau dont toutes les mailles se serrent et s'enchevêtrent pour étouffer l'humanité. C'est une longue chaîne dont tous les anneaux se tiennent et dont le dernier, ignorant la manière de faire et d'agir du premier, agit et procède de la même façon. L'aberration du sens moral conduit au même résultat partout. « *L'exercice de la pédérastie dans les grandes villes se fait sur une vaste échelle et constitue,* comme le dit Tardieu, *le complément de la prostitution féminine.* »

Répandus en tous lieux, l'onanisme et la pédérastie se pratiquent en particulier et en société, dans les villes et dans les campagnes, sous le feuillage épais des forêts, dans le fond des palais. Il existe des sociétés de pédérastes comme il y a des sociétés de gymnastique. Nombreuses sont ces associations! nombreux en sont les membres! nombreuses les victimes! Toutes les classes de la société sont représentées dans leurs rangs. Magistrats, soldats, industriels, commerçants, riches, pauvres, vieillards, jeunes gens, ont des représentants dans ces cercles ignobles. Le clergé lui-même y compte des membres affiliés de droit, sinon de fait, puisqu'ils concourrent au même but, la corruption de l'enfant par l'homme! Loin de moi la pensée de jeter à la face du clergé tout entier une accusation si odieuse. Je n'accuse personne ; je désigne seulement des hommes revêtus des fonctions sacrées, et de l'immoralité desquelles la loi a fait justice! mais, il arrive malheureusement trop souvent que les criminels découverts et punis appartiennent soit au clergé, soit à ses plus dévoués serviteurs.

## III.

Quel meilleur exemple que celui des anciens pourraient suivre nos élégants *mignons*! Cornélius Nepos ne leur a-t-il pas dit : *Alcibiades ineunte adolescentiâ, amatus est a multis, more Græcorum* ; et leur ingénuité ne leur a-t-elle pas suggéré que le *more Græcum* n'est pas autre chose que le *more canum.* Ils peuvent bien agir à la façon des chiens, eux qui seraient la meilleure preuve que nous comptons le singe au nombre de nos ancêtres.

Si vous saviez, lecteur, comme leurs petites bandes sont bien organisées, comme ils sont gentils entre eux ; ils suivent à la lettre les proverbes de l'Evangile. L'un d'eux me disait : « Mon camarade et moi, nous vivons comme des frères, je l'aime à la folie ! »

Ils ont des lois, une constitution, des signes, des règles dans leur dégoûtante prostitution. C'est à tel point que des escrocs et des voleurs se sont avisés de surprendre leurs secrets pour en tirer parti contre eux (ce dont nous ne pourrions que nous féliciter s'ils pouvaient par là nous débarrasser de cette triste engeance). Nous pouvons en croire l'éminent professeur que nous citions plus haut : « A Paris, dit Tardieu, la prostitution pédéraste a pris » dans l'ombre un accroissement presque incroyable, et a » reçu une organisation clandestine destinée à favoriser » l'industrie coupable désignée sous le nom de *chantage.* » « A côté de ces hommes enrichis par le vol et mis avec » une certaine recherche, continue-t-il plus loin, on trouve » de jeunes garçons corrompus et perdus par eux, qui sont » à leurs gages, qu'ils enrôlent, qu'ils dominent, et qu'ils » désignent, dans leur effrayant cynisme, comme des outils » dont ils se servent pour attirer leurs dupes et saisir leurs » victimes. Ces misérables enfants, détournés quelquefois » du travail honnête de l'atelier, plus souvent ramassés » dans la boue des carrefours ou dans l'oisiveté des mau- » vais lieux, sont lancés chaque soir dans des endroits » déserts et bien connus, où ils savent lever leur triste » proie. » Aussi, les coryphées de l'immoralité en plein vent emploient-ils parfois le courage et la ruse pour échapper à ces faux-frères ou aux agents de la police. Il n'est pas besoin même d'aller à Paris pour relever des faits de cette espèce. Il arrivait dernièrement à Nantes, dans notre bonne ville de Nantes, que certain agent de police, poursuivant à outrance un *gommeux*, qu'il avait surpris en flagrant délit, se vit, au risque de se briser le crâne, précipité du haut en bas des marches du cours Saint-Pierre. Il est bon toutefois d'ajouter que le *Monsieur* qui avait valu cette cabriole à notre agent de police fut mis à l'ombre, pendant six mois, sous les verrous de la maison d'arrêt. Néanmoins, avis aux promeneurs nocturnes à qui la fantaisie viendrait de poursuivre des gens entrain d'exercer paisiblement leur petit métier ! Il pourrait leur en cuire !!!

## IV.

Je ne vous dirai pas quelles sont les monstruosités dont sont le théâtre les maisons somptueuses au fond desquelles se donnent rendez-vous les acrobates de la lubricité. Ma plume se refuse à les décrire, et le cœur se soulève rien qu'à la pensée de ces ignominieuses débauches. Tibère et Néron n'étaient que des enfants auprès de ces hommes.

Il ne suffit pas d'être corrompu pour pénétrer dans le sanctuaire intime de ces sociétés occultes, il faut avoir subi des épreuves. On se défie des *mouchards*. Le postulant doit montrer son talent comme jouisseur, sa perversion, son avilissement moral, avant d'être admis au nombre des affiliés sûrs et discrets. Il doit être capable de tout pour se procurer à lui-même ou procurer aux autres les jouis-sances qu'ils recherchent avec frénésie. Les actes les plus bizarres, les caresses les plus obscènes, les voluptés les plus monstrueusement raffinées, forment le cérémonial des orgies de cette secte odieuse. Je jetterai un voile sur toutes ces hontes, mais en vous racontant l'histoire d'un jeune homme lancé dans cette voie, je vous mettrai, lecteur, en garde contre les vieillards crapuleux et les jeunes voluptueux chargés de trouver à la société de nouvelles recrues.

X. était un charmant garçon de café de 17 ans. Frais et rose comme une fille, il avait attiré par sa grâce, son élégance, ses manières agréables, nombre de clients. Un vieillard, entre autres, le couvait du regard ; jamais il ne sortait sans avoir donné au garçon ce que celui-ci appelait : « la pièce ronde du vieux. » Un soir, les yeux brillants, le vieillard attendit jusqu'à la fermeture du café. X. restait seul dans la salle. « Mon garçon, lui dit-il, voulez-vous faire un petit tour en voiture avec moi, j'aurai quelque chose à vous demander. Nous irons, si vous le voulez, jusqu'au bois de Boulogne ; le ciel est beau, cela vous délassera des fatigues de la journée. » Ne se défiant de rien, le garçon accepte aussitôt. A quelques pas du café, un landeau attendait nos promeneurs. Ils descendaient un quart d'heure après à la porte Maillot. Le vieux Monsieur prit amoureusement le bras du garçon et l'entraîna rapidement sous bois, le long des fortifications. X. se mit à trembler ; les histoires de vols et de crimes qui s'étaient passés dans cet endroit lui revinrent à la mémoire ; il refusa d'avancer. Son compagnon le supplia ; rien ne put le décider à faire un pas de plus. « Vous ne m'aimez donc pas ? murmura langoureusement le vieux sybarite. » — « Si, répondit X, mais je ne veux pas aller plus loin. » — « Avez-vous peur de moi ? » — « Non, monsieur, mais je veux revenir à Paris. » Le roulement d'une voiture le long des fortifications mit un terme à la discussion, et nos héros revinrent à la porte Maillot, où les deux magnifiques alzans qui les avaient amenés piaffaient avec impatience. Ils remontèrent en voiture et se dirigèrent vers le faubourg Saint-Germain, où le vieillard devait mettre un lit à la disposition de son jeune ami. X. était plus mort que vif. Nos promeneurs mirent pied à terre sous le portique d'un hôtel splendide. X. suivit le patricien à travers des salons magnifiques et pénétra dans une chambre aux lambris dorés somptueusement meublée. Un doux feu et des parfums exquis donnaient à cette pièce une atmosphère énivrante ; de nombreuses lumières faisaient étinceler le marbre et l'or ; le satin des portières, le velours des divans resplendissaient. Des verres à moitié pleins, les reliefs d'une orgie récente, avec un lit en désordre, rappelaient au garçon de café les splendides harems de la capitale. Le vieillard frappe sur un timbre, un enfant de quinze ans, à peine vêtu, apparaît aussitôt. Le Champagne coule dans les verres, et quand notre héros eut perdu toute force de caractère, étourdi qu'il était par les fumées du vin, le vieillard le jeta sur son lit. Que se passa-t-il durant cette nuit ? Je ne vous le dirai point, lecteur ; mais le lendemain X. sortait avec des pièces d'or dans son gousset, mais la honte au front ; c'était un homme perdu, déshonoré à ses propres yeux. Vingt fois depuis il revint chez le vieillard : ce fut au bout de quelques mois l'un des affiliés les mieux dressés de la bande. Pris plus tard d'une affreuse maladie, ce garçon, vomissant des injures contre son corrupteur, me fit, en termes indignés, la confidence de sa première faute. Et voilà comment j'ai découvert les mystérieuses orgies de cette association hideuse de pédérastes, qui se plaisent à trouver en eux des joussances contre nature.

## V.

La source du mal est sans contredit l'éducation. C'est dans la famille, à l'école, au collège que l'enfant prend le

germe de cette affreuse maladie, qui le tourmentera, le
rongera toute sa vie, s'il ne réagit violemment contre elle.

Les habitudes solitaires sont le point de départ de la
prostitution en commun ! L'enfant du peuple est exposé à
les contracter. Un fruit corrompu gâte les autres. L'abandon
dans lequel il est plongé, le manque de.distractions, seront
pour sa nature perverse un mauvais conseil. C'est un
écueil que la pauvreté dans l'adolescence, mais il arrive
un moment où cette pauvreté sera pour lui la planche de
salut. En effet, il le sent quand il arrive à l'âge d'homme,
cet enfant du peuple, il sent qu'il a besoin de son travail
pour vivre, de ses forces pour travailler ; il sent qu'il ne
doit pas laisser couler au dehors la semence de la vie, ce
qui l'épuiserait et le conduirait infailliblement au tombeau.

Pour l'enfant du riche, il n'a pas de contre-poids à ses
passions. Les dangers qu'il court sont terribles. La bonne
chaire et l'oisiveté lui voileront son épuisement prématuré.
L'opulence qui l'entoure, les soins qu'on lui prodigue, s'ils
ne sont réglés par une sage éducation, le conduiront à la
plus triste des dépravations.

Signalons ici en passant le danger de ces bonnes d'enfants dont l'affaire de Bordeaux vient de nous démontrer
la honteuse complicité dans le scandale Châtel et Cie. Trop
souvent leur plus grand soin est d'initier l'enfant à tous
les secrets de la corruption. Leur exemple est pernicieux,
leurs excitations sont odieuses. Combien de parents à qui
nous devons jeter l'anathème pour leur négligence à sur-
veiller ces servantes sans morale et sans pudeur !

Le célibat, la privation forcée des plaisirs sexuels, ne
sont pas non plus sans influence sur le développement des
habitudes pédérastiques, Nous ne citons que pour mémoire
les faits nombreux relatés dans les annales de la médecine

navale : tout le monde sait qu'à bord des navires longtemps éloignés de terre se passent des scènes d'un cynisme
révoltant.

Pour nous, la grande réforme est dans l'éducation : Qu'on
joigne partout, comme on le fait dans la capitale et dans
quelques écoles de province, les travaux manuels aux
études scientifiques et littéraires. Que l'enfant échappe à
lui-même par des occupations continuelles ! c'est le seul
conseil que nous puissions répéter après tant d'autres

## VI.

Quelles seront pour l'enfant livré tout entier à sa passion
les conséquences de telles habitudes ? Regardez ce jeune
homme qui s'avance là-bas, oscillant sur ses jambes, légè-
rement courbé vers la terre ; c'est le type du jeune vieillard dépeint par les auteurs. Les rides sillonnent son front ;
des pommettes anguleuses et saillantes se dessinent sous sa
peau desséchée comme un vieux parchemin ; ses doigts
longs et maigres, sa poitrine renfoncée, son corps décharné,
sur lequel sont empreints en caractères indélébiles les styg-
mates du vice, disent assez quel triste sort lui sera bientôt
réservé.

Le fumeur d'opium s'endort hébété par son narcotique ;
le masturbateur à outrance se dessèche et meurt épuisé
par sa déplorable habitude : c'est le sort d'un grand nombre
d'adolescents que le monde voit s'éteindre à la fleur de
l'âge. Un exemple entre mille :

C'était en 1872. Un enfant d'une constitution vigoureuse,
brillant de jeunesse et de santé, doué d'une intelligence
remarquable, faisait sa quatrième dans un collège de l'Ouest
que je ne veux pas nommer ici. Sa mauvaise tête le fit

mettre au cachot. Enfermé pendant quatre heures dans sa prison, l'enfant trouva moyen de satisfaire jusqu'à huit fois sa terrible passion. Son professeur, en venant lui rendre la liberté, l'aperçut couché dans un coin, pâle, le visage terreux, pris de convulsions et de tremblements, qu'il cherchait vainement à dissimuler. Lui-même fit l'aveu de sa conduite. Depuis, j'ai suivi l'enfant et j'ai vu ce garçon s'affaisser, à 18 ans, sous le poids de la vie. Son intelligence s'était voilée, sa démarche était devenue trem blottante, et sa mine cadavérique annonçait à tous qu'il mourait épuisé par des excès prématurés.

Tous ne subissent pas le même destin ; il en est qui savent boire avec mesure à la coupe de la vie et s'arrêter, comme l'a dit un grand orateur chrétien : « là où l'infamie succède à la jouissance, où la mort punit l'excès de la vie. » Ce sont les raffinés. Ceux-là jouissent longtemps de leurs plaisirs; ils vivent tranquilles dans leur impunité; ceux-là sont de la race de certains messieurs surpris naguère par la police dans les bosquets de Vincennes. Ils ne savent pas quel supplice les attend, quelles tristes infirmités accompagneront leurs derniers jours! La nature, fatiguée des efforts dirigés contre elle, se lassera, et la souffrance terrible, implacable, se dressera devant ces hommes pour venger l'humanité! Ne les plaignons pas : ils auront mérité le châtiment! Si leur immoralité n'atteignait qu'eux dans ses conséquences, nous n'appellerions pas la malédiction sur leur têtes ! Ce qu'il y a de plus triste, c'est que la famille, c'est que la patrie, c'est que la société tout entière sont frappées au cœur par ces êtres sans nom.

La femme n'est plus qu'une servante maltraitée, dédaignée. Le mariage n'a plus sa raison d'être : le pédéraste a-t-il besoin d'une épouse ? Le jeune *lion* qui se promène d'un air efféminé sur le boulevard ne viendra-t-il pas ce soir le trouver ? la voluptueuse orgie ne donnera-t-elle pas à ses sens toute la satisfaction désirable ? Que lui manque-t-il quand il est avec ses congénères ? les satisfactions du cœur : il n'en a plus ! les joies de la famille : il les dédaigne ! les satisfactions des sens : il les a toutes épuisées ! C'est à bon droit que nous pouvons lui appliquer ce vers de Clovis Hugues :

*Sodome était de boue, il est fait de crachats !...*

Voilà ce qui nous explique pourquoi la population n'augmente pas, pourquoi la famille n'existe plus, pourquoi tant de femmes sont corrompues ! Que l'homme redevienne moral ! et l'humanité se régénèrera ! la maladie perdra nombre de ses droits ; la femme sera l'épouse fidèle des vieux temps ; l'amour de la patrie ne s'éteindra pas dans les âmes ; les nobles sentiments, les vertus antiques renaîtront dans les cœurs.

FIN.

Nantes. — Imp. BRUNEAU, rue des Hauts-Pavés, 20.